Helga von Seggern

Liebenswürdiges Leer

Stadtrundgang:
Altstadt und Innenhafen

Helga von Seggern

Liebenswürdiges Leer

Stadtrundgang: Altstadt und Innenhafen

und weitere Sehenswürdigkeiten

Eine Gedichtsammlung
über Leer

ISENSEE VERLAG
OLDENBURG

Umschlag Foto: Bodo Wolters, Leer.

Bibliografische Information der Deutschen Bibliothek

Die Deutsche Bibliothek verzeichnet diese Publikation in der Deutschen Nationalbibliografie; detaillierte bibliografische Daten sind im Internet über <http://dnb.d-nb.de> abrufbar.

ISBN 978-3-7308-2021-6

Gedruckt bei Isensee in Oldenburg

Inhalt

Leer Stadtrundgang:

Weitere Leeraner Sehenswürdigkeiten:

LEER Stadtrundgang:
Altstadt und Innenhafen

Leer, du liebe kleine Stadt,
würd' gern von dir erzählen.
Jedoch gelingt es mir dann auch
die richt'gen Worte auszuwählen?
In meinem Kopf schwirrt viel herum
von Bildern, Menschen, schönen Dingen.
Das zu sortieren ist nicht leicht,
ich hoff', mir wird's gelingen.

Der Tag beginnt, die Sonne scheint,
die Luft ist lau und mild.
Ich atme tief, lehn' mich zurück,
schau' um mich her, genieß' das Bild
– so wunderschön – … von uns'rem eig'nen Garten!

Hortensien blüh'n, die Rosen auch,
üppig in vielen Farben.
Der Wind ist nur ein leichter Hauch,
bewegt heut' kaum die Blätter.
Die Linden rechts und links der Straße
– hier gleich vor unser'm Haus –
mit ihren Zweigen bilden sie ein Dach,
es sieht gewaltig aus!

Und ist es still, mal kein Verkehr,
dann hört man leichtes Brummen.
Lauscht man genau auf diesen Ton,
so stellt man fest: Die Bienen summen.
Die Lindenbäume blühen voll,
der Duft steigt in die Nase
und außerdem – das find' ich toll –
den Honig hiervon gibt es frisch
auch gleich in dieser Straße.

Ach Leer, du kleine Kuschelstadt,
wie soll ich dich beschreiben?
Ein jeder, der schon mal hier war,
würd' auch gern länger bleiben.

Die Altstadt, die ist 'was zum Träumen,
weil sie 'ner Puppenstube gleicht.
Hier bummeln darf man nicht versäumen.
Es wird das Herz ganz froh und leicht.

Zum Stadtrundgang lad' ich jetzt ein.
Wer möchte mich begleiten?
Es könnte ein Erlebnis sein,
denn Leer hat tolle Seiten.

Zu allererst begrüßt uns hier
Die „Teelke“ mit Teetasse.
Diese Statue finden wir
am Eingang Brunnenstraße.

Das „Bünting-Haus“ –bekannt in Leer–,
dort kann man Vieles suchen:
Spezialitäten und noch mehr,
auch kann man „Teeberatung“ buchen.

Denn: *„Ostfriesische Gemütlichkeit*
hält stets ein Tässchen Tee bereit“.
Ja, dieser Spruch, der ist bekannt
hier überall in Ostfriesland.

Und was ich jetzt als nächstes seh’,
Gemütlichkeit – „Antik-Café“ –,
hier kann man gut verweilen.
Danach ein Laden – fein und klein –,
auch hier nicht weitereilen,
„Plattkeks“, der Name spricht für sich.
Mitbringsel, neu und originell,
ja, das begeistert sogar mich.

Und weiter rechts – hab's g'rad gesehen –
da kann man griechisch essen gehen.

Dort g'rade vorn: TATORT TARAXACUM
Krimi-Buchhandel – int'ressant –.
An dieser Ecke und drum rum
dreht stets das ZDF die Krimireihe „Friesland".
Jedoch wir laufen weiter schnell
es gibt noch viel zu sehen.

Jetzt hier am Brunnenstraßenende
den Blick und Gang nach links man wende:
die Rathausstraße – „Altstadt-Herz" –,
hier ist es kusch'lig – ohne Scherz –.
Die kleinen Läden – bunt und fein –,
wir bleiben immer wieder stehen.
Jetzt rechts: „Jimmy's Altstadt Café",
ich schau' dort hin und ich gesteh',
würd' gerne hier 'ne Pause machen,
Ostfriesentee trinken und lachen,
mich freuen an solch schönem Tag.
Ostfriesentorte – die ich mag –
so richtig mit Genuss jetzt essen,
dabei die Sorgen kurz vergessen.

Altstadt-Café, tut mir echt leid,
dafür ist heute keine Zeit,
denn es gibt noch so viel zu sehen,
d'rum wollen wir auch weitergehen.

„Haus Samson", diese Hausfassade
nicht anzuschauen, wäre schade.
Die Tür steht auf, geh'n Sie doch rein,
hier stehen alle Sorten Wein.
Sieht alles schon recht urig aus,
Weinhandlung Wolff ist hier zuhaus'.
Auf zwei Etagen, Raum für Raum,
gibt's viel zu seh'n, man glaubt es kaum.
Ein kleines Museum ist dies hier zwar nur,
doch zeigt es Ostfriesland's Wohnkultur.
Dies könnte ein Geheimtipp sein,
d'rum lohnt es sich; geh'n Sie mal rein.

Sind wieder auf der Rathausstraße.
Von hier geht manche kleine Gasse
nach rechts: sehr schmal, verträumt und klein,
links passten Pferd und Wagen rein.

Apotheke, Friseur, Juwelier,
Imbiss, Kunstmalerei, das alles gibt es hier.
Läden mit Möbeln, Blumen, Sport,
Weltladen … und so geht es weiter fort.
Auch Läden mit so kleinen Sachen
zum Stöbern, Suchen, Glücklichmachen.
Dies alles und noch vieles mehr,
das gibt's hier in der Altstadt Leer.

Fenster mit Büchern, Blumen, schönen Dingen,
mit Schmuck – mal rustikal, mal fein –.
Hier sollte es doch leicht gelingen,
bei Essensmöglichkeit und Kuchen
etwas Besond'res auszusuchen.

Viel gibt's noch an Besonderheit,
ich schaff`s nicht alles aufzuzählen.
Bitte um Nachsicht, tut mir leid!

Jedoch 'was Tolles fällt mir auf,
schau ich die Rathausstraße rauf:
Die alten Häuser – voller Charme –
kuscheln sich aneinander.
Sieht aus, als ob sie Arm in Arm
uns zeigen miteinder:

„Seht her, so war es allezeit,
wer eng zu seinem Nächsten hält,
ihm hilft, ihn schützt, den wird kein Leid
und sonst'ges Übel dieser Welt
ihn werfen aus der Lebensbahn,
denn er steht fest und kann nicht fallen.
So wie die Häuser und er kann
mit Zuversicht nach vorne schau'n.
Er wird gestützt von allen."

Hier sind – man möge es verzeih'n –
Gedanken mir entwichen.
Ich sah die Häuser hier aus Stein
und habe dann verglichen:

Um wieviel leichter wär' das Leben,
würden wir wie die Häuser hier,
uns stützen und mehr Halt uns geben,
weniger ich, dafür mehr W I R!

Oh je, ich glaub', ich hab' geträumt,
in dieser Traumkulisse.
Ich bummle, habe nichts versäumt,
doch gibt's noch 'was, was ich vermisse:

Wo ist das, wofür Leer bekannt,
das Wasser mitten in der Stadt?

Die Altstadtgasse endet hier
– Rathaus zur rechten Hand –
Die Rathausstufen, ja die hat – nach altem Brauch –
manch' Junggeselle schon gefegt.
Das nebenbei – ich überquer'
noch schnell vor mir die Straße-.

Jetzt riech' ich Wasser und ich sehe
Schiffe, die hier angelegt.
Die Sonne scheint, das Wasser gluckst.
Ich schließ' die Augen und ich lasse
das auf mich wirken, denn ich weiß:
Steh' am Museumshafen Leer!
Die alten Boote schaukeln leis',
die Luft, sie riecht nach Meer.

Am Uferrand flanieren Menschen, alt und jung,
begutachten fachmännisch Kahn für Kahn.
Dabei schwelgt mancher sicherlich auch in Erinnerung.

Gleich hinter mir ein altes, kantiges Gebäude,
die „Waage“, so wird es genannt,
ein Restaurant ist’s heute,
traditionell weit über Leer bekannt.

– Mir ist jetzt nach ’nem Tee zumute,
denn hinter mir steh’n viele Tische,
ich zieh’’nen Gartenstuhl mir ran. –

Gleich hinter den Museumskähnen
zieh’n Ruderboote ihre Bahn.
Trink’ meinen Tee, lehn’ mich zurück,
genieß’ es zu verweilen.
Doch rechterhand, da sehe ich
die Leute plötzlich eilen.

Doch was zieht dort die Leute an?
Die Reederei Germania – in Leer längst ein Begriff –
legt grad’ mit ihrem „Traumschiff“ an,
die „Warsteiner“ ein Fahrgastschiff.
Ich weiß, ich sitz’ hier sehr zentral
am Hafen, vor der „Waage“.
Leeraner Highlights überall
und jetzt stellt sich die Frage:

Zähl' ich nun auf, was ich hier seh',
– was anzuschau'n doch wichtig wär' –
oder steh' ich nun auf und geh',
weiter auf meinem Rundgang Leer?

Kurz überlegt, muß mich entscheiden!
Erkläre gern, was noch zu seh'n.
So viele kleine Kostbarkeiten
gibt's rechts und links zu beiden Seiten,
dran darf man nicht vorübergeh'n.

„Ostfriesisches Teestübchen" heißt es,
wendet den Blick nach links man hin.
Gemütlich eingerichtet – so wie früher –
sitzt man dort draußen sowie drin.

Gleich nebenan, dort kann man buchen,
das Traumschiff „Warsteiner" und mehr.
Es gibt noch manche schöne Schiffsfahrt
zu Zielen nah – auch manchmal fern –.
Von Hafenrundfahrt bis zum Dollart,
auch Tagesfahrten bucht man gern.

Blick' gradeaus ich über's Wasser,
dort liegt ein Schiff als Restaurant.
Die „Spiekereoog" – einst Inselfähre –
fand festen Platz jetzt hier an Land.
Weiter nach rechts steh'n Häuserreihen
mit Städtenamen – imposant –,
denn als Standort von Reedereien
wird Leer als Nummer zwei genannt.

Ganz links, jenseits der Rathausbrücke
beginnt ein Promenadenweg,
führt um den ganzen Innenhafen
mit Sportbooten, oft Steg an Steg.

Jetzt auf der Promenade hier,
bummle ich in Gedanken.
Die Wellen plätschern unter mir,
es knirschen die Holzplanken.

Ich sehe Segelboote, kleine Yachten,
um mich herum herrscht reges Treiben.
Um alles richtig zu betrachten,
müßt' ich jetzt stehenbleiben.

Wenn ich weiter nach vorne schau',
der hohe, kantig, g'rade Bau.
Ich weiß, das ist das Amtsgericht,
wo für das Volk das Recht man spricht.

Daneben, da ist stets was los,
Spielplatz für Kinder – klein und groß –.
Es folgt der Marktplatz, das ist richtig
und für Touristen auch ganz wichtig.

Hier geht's durch zur Fußgängerzone,
quer über'n Markt, das ist nicht ohne,
da mittwochs, samstags Marktgetümmel
bei Sonne, auch bei Regenhimmel.

Doch nun zurück; am Uferweg
liegt ein besond'res Schiff am Steg.
„Prinz Heinrich" zur Besichtigung frei,
dabei erfährt man allerlei
von Dampf-Schifffahrt und ander'n Dingen
und hat man Glück, kann Folgendes gelingen:
– Ein Platz auf'ner Museums-Fahrt –,
ein Highlight von besond'rer Art.

Jetzt weiter g'radeaus entlang
den Ufer-Promenadengang.
Nun eine Brücke überspannt
das Hafenbecken elegant
und es ist auch nicht so verkehrt,
dass hier kein Auto rüberfährt.
Doch Fußgänger und „Fahrrad-Schieber"
spazieren liebend gern hinüber,
bleiben oft auf der Brücke steh'n,
um von dort alles anzuseh'n.
denn dieser Rundumblick, der ist
so schön, dass man ihn kaum vergißt.

„Ruderverein Leer von 1903",
d'ran führt mein Weg ganz dicht vorbei.
Hier ist viel los, denn junge Leute
und auch die Ält'ren rudern heute.
Ich will schnell raus aus dem Gewusel
und habe auch gleich richtig Dusel,
denn: „Schöne Aussichten" ich seh'
links oben – das ist ein Café –.

Wie wunderbar, fast muss ich lachen,
denn g'rade wollt' ich Pause machen.
Da, etwas weiter – muss nicht suchen –,
da kommen viele Treppenstufen.
Ich setz' mich kurz, trink 'nen Kaffee.
Hhm ..., tut gut, bevor ich weitergeh'.

Die Tourist-Info findet man
als nächstes Haus und danach dann
der „Hafenspeicher", ein Hotel.
Dann oben links ein Restaurant,
wo griechisch man gut essen kann.

Das Polizeigebäude zeigt,
der Hafenkopf ist jetzt erreicht!
Da ich den Weg will weitergeh'n,
bleib' ich vor'm Anglerheim kurz steh'n.
Nun geht es weiter – Schritt für Schritt –
ich hoff', die Leser kommen mit.

An Wohn-Hochhäusern geht's vorbei,
an Restaurants und allerlei
besond'ren Häusern oder Läden.
Ich denk': Auch hier gibt's sicher 'was für jeden,
was int'ressant ist oder neu.

Ist jetzt der Rundgang auch fast vorbei,
die Rathaus-Brücke schon zu seh'n,
heißt es noch nicht „Auf Wiederseh'n".

Auf Brückenmitte bleib'n wir stehn,
um nochmal alles anzuseh'n.
Der Rundumblick ist wundervoll,
ich atme tief und fühl' mich wohl.

Ich hoff' dem Leser hat's gefallen
und darum wünsch' ich Ihnen allen:

Komm'n Sie doch einfach mal hierher,
genießen unser schönes LEER.

Erklärendes Vorwort zur „Pinkelrinne“

Wir wissen, dass so manche Stadt
ihr ganz spezielles Denkmal hat.
Die Leute dieser Stadt, die sehen
es täglich beim Vorübergehen
und liebevoll tut Volkesmund
dafür ’nen and’ren Namen kund.
Erst hinter vorgehalt’ner Hand,
wird er doch immer mehr bekannt.
Erzeugt das erst oft Stirnerunzeln,
beginnt man langsam doch zu schmunzeln.
Und so erhält dann mit der Zeit
so manche Sehenswürdigkeit
einen Namen aus des Volkes Mitte,
meist lustig-liebevoll, na bitte.
Das prägt sich ein, was will man mehr.
So ähnlich ist es auch in Leer!

Die „Pinkelrinne“

In Leer ’was Witziges fällt auf
und zwar ein kleiner Wasserlauf.
Er endet hier am Hafen Leer.
Jedoch wo kommt er denn wohl her?
Vom Denkmalplatz –Zentrum der Stadt–,
von dort kommt er, da ist man platt.
Ein Wasserrinnsal dort beginnt
und Richtung Hafenufer rinnt.
Zwischen Café und Info-Tourist,
das Bächlein dann zuende ist.
Doch schmunzelnd und leicht provokant,
wird „Pinkelrinne“ das genannt.
Mit Augenzwinkern, etwas keck,
geht man über die Sache weg.

Leeraner Gallimarkt

In Oldenburg – der Kramermarkt,
Freimarkt heißt es in Bremen.
In Leer nennt man es Gallimarkt.
Kaum einer lässt sich's nehmen
über den Markt mal bummeln geh'n,
die neuesten Karussells anseh'n
und sich über die Kinder freu'n,
die jauchzend gehen dort hinein.
Was soll man jetzt zuerst genießen?
Vielleicht zuvor 'ne Rose schießen?
Bratwurst – ganz locker aus der Hand –,
auch sonst bekommt man allerhand:
Fischbrötchen und auch Räucheraal,
hier hat man oft die Qual der Wahl.
Dann noch die vielen Süßigkeiten,
da lässt sich mancher gern verleiten.
Gebrannte Mandeln noch mitgenommen,
danach kann dann der Winter kommen,
denn immer nach dem Gallimarkt
ist warme Kleidung angesagt.

Gallimarkts-Beginn

Immer zum Gallimarkts-Beginn
zieh'n durch die Stadt zum Rathaus hin
drei Mann – bekannt hier weit und breit,
gekleidet wie in alter Zeit.
Ja, diese Männer sind bekannt
und werden Herolde genannt!
Sie ziehen trommelnd durch die Stadt,
die schon darauf gewartet hat.
Verkünden dann in allen Gassen
mit einem Spruch den Menschenmassen:
Bevor der Bürgermeister spricht,
beginnt der Gallimarkt noch nicht.
Hat dieser aber dann gesprochen,
so ist die Marktzeit angebrochen
und Böllerschüsse sagen an,
dass man fünf Tage feiern kann.
Nun strömt alles zum Marktplatz hin.
Das ist der Gallimarkts-Beginn!

Spruch der Leeraner Herolde

Jetzt noch der Spruch zum Marktbeginn.
Hier ist der Text, schaut genau hin:

„Radeau, radeau, raditjes doe
de Stadt, de hört de König toe.
Radeau, radeau, raditjes dum!
De Börgmester led vebeden,
dat nüms mag kopen of verkopen
bevör de Klocke negen sleit,
bi Verlüß van Goderen
un all wat over tein Pund weggt
is na de Waage to brengen,
un darnaa drei Daag free Markt“

Mit diesem Spruch ziehen die Leeraner Herolde in altertümlicher Bekleidung durch die Stadt Leer und verkünden damit im Oktober den Beginn des alljährlichen Gallimarktes. Erstmals im Jahr 1907 bei der 400. Wiederkehr des Leeraner Gallimarktes.

Weitere Leeraner Sehenswürdigkeiten:

Der Plytenberg

Wenn Sie sich könnten einst entschließen,
dies Städtchen Leer mal zu genießen,
zähle ich auf noch ein paar Sachen,
die Leer zu was Besond'rem machen!
Wer weiß denn, dass Leer, diese Stadt,
einen eig'nen Berg zu bieten hat?
Zwei Riesen warfen einst mit Sand
und so der Plytenberg entstand.
Da drinnen sollen Zwerge hausen
und „Plytje" nennt man die Banausen.
Der höchste Berg Ostfrieslands ist
der Plytenberg, ja, denn er misst
zwölf Meter, ja so ungefähr.
Ist somit eine Attraktion von Leer!
Ostern geschieht hier allerlei,
es strömt von überall herbei.
Familien und auch Kinder viel,
sie alle haben nur ein Ziel:

Den „Plytenberg“ und bringen auch
bunte Eier mit – nach altem Brauch –.
Im Wettstreit klopft man Ei an Ei,
bleibt Deines heil, so hast Du zwei!
Beim alten Brauch, dem „Eiertrullern“,
vom „*Berg*, die Eier runterkullern
und wessen Ei am weit'sten rollt,
der hat gesiegt, so ist's gewollt.

In Leer gibt's viel nach altem Brauch.
familienfreundlich ist es auch!

Schloss Evenburg

Ja, dies ist es auch nicht alleine,
in Leer gibt's noch mehr „Edelsteine".
Schloss Evenburg, ein Schloss sehr edel.
Hier herrschte einst der Graf von Wedel.
Führungen gibt's, so dann und wann.
Sie tritt in alter Kleidung an,
als Zofe oder Hausmamsell.
Führt alle durch die Räume schnell,
lässt von Touristen sich begleiten,
erzählt, wie's war in früh'ren Zeiten.
Als Arbeit, da blieb früher ihnen
nur die Herrschaften zu bedienen.
Erzählt, was Dienstboten so mussten machen,
dabei auch manchmal 'was zum Lachen.
So kann man's fast vor Augen sehen,
das früh're Herrschaftshaus-Geschehen.
Noch heut' gibt's auf dem Schlossgelände
Veranstaltungen ohne Ende.

Leeraner Miniaturland

Geh' davon aus, es ist bekannt,
in Hamburg das Miniaturenland.
Jedoch in Leer – nicht sooo … bekannt –
gibt's auch *ein Miniaturenland.*
K1, auch Deichstraße genannt,
Fahrtrichtung Emden – und rechterhand –
am Rand der Stadt, ganz dicht am Deich,
dort findet man es dann sogleich.

Miniaturland … ich war lang' nicht da,
mit Sicherheit schon ein paar Jahr.

Doch jetzt, Corona ist vorbei
und sonst geschah' auch allerlei.
D'rum will ich heute doch mal seh'n
'was dort inzwischen ist gescheh'n.
Jetzt sind wir da, ja und ich staune,
so viel Betrieb und gute Laune
um uns herum und dann ich seh'
als erstes hier: Frühstücksbuffet
und das egal für wieviel Leute.

Viele Familien seh' ich heute.
Für Kinder gab's – und da war'n viele –
Hüpfburgen und noch and're Spiele.
Genug geschaut, nun ab zur Kasse.
Rein in die Halle und ich lasse
erstaunt die Blicke erstmal wandern
von einem Highlight hin zum ander'n.
Ostfriesland, hier im Kleinformat,
das nicht zu sehen, wäre schad'.
Auch die Inseln wurden nicht vergessen.
Sind zwar nicht alle, doch wär's vermessen,
deshalb vielleicht Kritik zu üben.
Seht doch, wie es die Leute lieben,
denn Kind und Kegel, Frau und Mann,
sie alle schau'n begeistert an
was alles hier so aufgebaut,
dass man kaum seinen Augen traut.
Hier wurd' das Leben festgehalten,
die Landschaft, Häuser und Gestalten.
Man schaut, man staunt und lächelt nur
und plötzlich – wie in der Natur –
so bricht auch hier die Dämm'rung ein.
„*Ostfriesland nachts*", das soll es sein.

Jedoch nun gehen Lichter an,
dort fährt auch noch die Eisenbahn,
so, wie es ist in Wirklichkeit
und dann, nach 'ner geraumen Zeit
wird's wieder hell – stellt dar den Tag –.
Ich blicke hoch und ich vermag
nicht einzuschätzen welche Müh'
und Schwierigkeiten hatten die,
die einst dies alles aufgebaut.
Damit ein Kind auch schauen kann,
deshalb hat für die Kleinen man
d'rum 'rum Podeste aufgestellt,
dann seh'n auch sie „Miniaturwelt".
Jetzt sehe ich, nun gebt fein acht:
Seitlich sind Knöpfe angebracht,
sind auch beschriftet; drückt man d'rauf
weckt man Details zum Leben auf.
Riesenrad, Baustellenkran,
sie fangen sich zu drehen an.
Jahrmarktsgetöse, Feuerwehr,
Polizeisirenen und noch mehr.
Dann lebt's im Miniaturland Leer!

Am besten wär's, ich muß gesteh'n,
würd' das der Leser selber seh'n.
Nachdem Ostfriesland wir gesehen,
soll's in die nächste Halle gehen.
Auch diese Halle, groß und hell.
Blicke umher und sehe schnell:
Hier zwei Etagen auf uns warten.
Wollen zuerst mal unten starten.
Hier haben wir sogleich erkannt:
Bad Zwischenahn im Ammerland,
auch Westerstede und…: „Sieh' an",
sag' lachend ich zu meinem Mann,
denn der ist hier der Spezialist,
weil er ein Hobbybastler ist,
dazu aus Oldenburg er kommt,
d'rum sage ich zu ihm auch prompt:
„Sieh an, auch Oldenburg ist hier
in Miniatur, gefällt es Dir?"

Er schmunzelt, nickt, schaut's genau an,
viel gibt's, was er entdecken kann.
Bin schon im Fahrstuhl und fahr' hoch,
ja, denn hier oben seh'n wir noch
die Stadt Berlin – von Wand zu Wand –.

Reichstag und Bundeskanzleramt,
hier Siegessäule, dort Tiergarten;
am Flughafen Flugzeuge starten.
Brandenburger Tor, dort Schloss Bellevue.
„Großartig!“, sagen dann auch Sie.
Hier baut man noch, weist auch d'raufhin,
die ganze Fläche … nur Berlin …!
Jetzt möcht' ich noch nach draußen geh'n
und mich dort auch einmal umseh'n.
Selbst draußen gibt es allerhand
in uns'rem Miniaturenland.
Man sagt, draußen im Gelände
sich noch was Interessantes fände.
Ja, eine Garteneisenbahn
sieht man dort ihre Runden fahr'n.
Nicht Miniatur, jedoch auch klein;
passt so in jeden Garten rein.
Fährt hier durch eine kleine Stadt
mit Häusern passend … und man hat
zum Ausruh'n auch manch' Gartenbänke.
Ich seh' das alles und ich denke:

Im Sommer ist’s hier draußen schön,
genug Platz zum Spazierengeh’n.
Dann für die Kleinen –äußerst wichtig–,
ein Kinderspielplatz - der ist richtig -.

Kommt Hunger auf, kann unterdessen
man hier im Bistro auch gleich essen.
Tee oder Kaffee und auch Kuchen,
könnt’ man am Nachmittag versuchen.
Und …
möchten Sie noch länger bleiben,
gibt’s Minigolf zum Zeit vertreiben.

Wiehnachtsmarkt achter d’ Waag

Kommt man zur Weihnachtszeit mal her,
gibt es ’was Einzigartiges in Leer.
Den Weihnachtsmarkt mitten in der Stadt,
den jede and’re Stadt auch hat,
den mein’ ich nicht, denn es gibt mehr,
viel mehr „Adventliches“ in Leer.

Denn ganz speziell ist – ohne Frage –:
Der Weihnachtsmarkt hinter der Waage!
Den gibt’s nur sonntags im Advent,
ein „Highlight“, das nicht jeder kennt.
Auf plattdeutsch ich es Ihnen sag’,
heißt’s: *„Wiehnachtsmarkt achter d’ Waag“.*

Hinter dem Waage-Restaurant
und am Museumshafen lang,
dort dicht nebeneinander steh’n
Holzhäuschen – lieblich anzuseh’n –,
winterlich, weihnachtlich verziert
und wenn man dran entlang spaziert,
dann hört man wie die Leute raunen
und ich beginne auch zu staunen:

In jedem Häuschen bietet man,
dem „Bummler“ etwas And’res an.
Dekorationen weihnachtlich,
Eierpunsch, Glühwein sicherlich.
Für Kinder dort ein Karussell,
ein Weihnachtschor ist auch zur Stell’.
Auch „*Speckendieken*“ bietet man,
in einem dieser Häuschen an.
Waffeln, Weihnachtsgebäck und Punsch,
ja, hier erfüllt sich mancher Wunsch.

Und dann … um sechzehn dreißig Uhr
– doch das geschieht ja sonntags nur –
da kommt sogar der Weihnachtsmann,
auf einem Schiff und legt hier an,
direkt am „Wiehnachtsmarkt“, oh man.
Der Weihnachtsmann, der ist dann da,
umringt von einer Kinderschar.
Die sehen, er trägt huckepack,
wie immer, den Geschenke-Sack.
Er öffnet ihn, er greift hinein……
Halt … mehr erzähl’ ich heut’ nicht … NEIN!

Ich spür's: Sie wüssten gerne mehr?
Dann kommen Sie im Advent nach Leer.

Hier seh'n Sie Kinderaugen strahlen,
auch Eltern, denen hat's gefallen.
Und viele bummeln Hand in Hand
durch's *Leeraner Winter-Wunderland.*

Schlusswort

Ach, Leer, Du meine liebe Stadt,
ich hoffe doch, inzwischen hat
so mancher Dich ins Herz geschlossen,
das gute Klima hier genossen,
denkt sich: „Wohn' leider nicht in Leer,
doch komm' ich immer gern hierher."
Und wer schon wohnt in dieser Stadt,
der weiß längst, was er an ihr hat!

Anhang zu dem Gedichtband Leer

200 lange Jahre ist es her,

seitdem heißt dieser schöne Ort hier: *Stadt Leer.*
Ja, in der Geschichte, da kann man es lesen,
Englands König Georg IV, der ist es gewesen,
denn dieser König hat unserem Leer
– vor 200 Jahren, so lang' ist's schon her –
die Stadtrechte verliehen und dann hieß es:

Stadt Leer

Diese Stadt blühte auf so im Laufe der Zeit.
Ihr habt sie erlebt, wie ist sie denn heut'?
Ja, schaut auf die vielen kleinen Sachen,
die Leer zu einer besonderen Stadt machen ...
D'rum schaut nicht nur hin, schaut ganz genau her,
auf unser liebenswürdiges Leer.

Helga von Seggern ist 1944 in Graudenz/ Westpreußen geboren und lebt seit 1967 in Leer, der Kleinstadt, um die es in ihren Gedichten geht. Bis zur Rente arbeitete sie als Justizangestellte am Amtsgericht Leer und leitete viele Jahre lang zusätzlich den ortsansässigen Leeraner DLRG - Schwimmkindergarten, den sie persönlich 1975 gründete. Dieser war zu jener Zeit eine beliebte Besonderheit. Als sie vor einigen Jahren aus gesundheitlichen Gründen ihre sportliche Tätigkeit aufgeben musste, fokussierte sich die Autorin auf eine weitere Leidenschaft: Das Gedichteschreiben. Was vorher ein Hobby zu Geburtstagen war, kann nun als Gedichteband viele andere Menschen bereichern. Frau von Seggern erster Band „Älter werden. Glück und Last zugleich“ zu den Facetten des Alterungsprozesses ist 2022 erschienen. Nun folgt eine Liebeserklärung an ihre Stadt Leer.